SOCIÉTÉ FRANÇAISE

De secours aux Blessés militaires des Armées de terre et de mer

DISCOURS

PRONONCÉ

AU SERVICE FUNÈBRE CÉLÉBRÉ POUR LES VICTIMES DE LA GUERRE

EN L'ÉGLISE MÉTROPOLITAINE DE TOURS

LE 30 JANVIER 1890

PAR

S. G. MONSEIGNEUR OURY

ÉVÊQUE DE FRÉJUS ET TOULON

TOURS

IMPRIMERIE ALFRED MAME ET FILS

—

1890

SOCIÉTÉ FRANÇAISE

DE

SECOURS AUX BLESSÉS MILITAIRES

DES ARMÉES DE TERRE ET DE MER

Objet et organisation de la Société.

ART. 1er. — La Société de secours aux blessés militaires a pour objet de concourir par tous les moyens en son pouvoir, pendant la guerre et pendant la paix, à l'assistance des militaires blessés ou atteints de maladies contractées par suite de la guerre.

ART. 2. — La Société est, en cas de guerre, l'auxiliaire du service sanitaire des armées de terre et de mer dans les conditions déterminées par le décret du 3 juillet 1884.

ART. 3. — En temps de paix elle recueille et conserve le capital nécessaire à pourvoir aux dépenses qu'entraîne le début des hostilités.

Elle emploie ses ressources annuelles à préparer et organiser le personnel et le matériel hospitaliers, à accorder des secours aux blessés et aux malades des guerres antérieures, et, s'il y a lieu, aux veuves et aux ascendants des soldats tués.

En cas de guerre étrangère à la France, elle vient en aide dans la forme et dans la mesure où elle le juge convenable aux blessés des nations belligérantes.

Objet et organisation du Comité d'Indre-et-Loire.

ART. 9. — Le Comité départemental prête son concours au Délégué régional de la Société pour l'organisation du personnel et du matériel dans le département d'Indre-et-Loire.

Il est chargé de la distribution des secours que le Conseil central accorde aux blessés du département. Il est chargé en outre de recueillir, dans les limites de sa circonscription, les dons, souscriptions et cotisations.

En temps de paix il envoie au Conseil central un cinquième des dons, souscriptions et cotisations recueillies, à l'exception des subventions communales et départementales.

ART. 10. — Les membres adhérents au Comité d'Indre-et-Loire pourront être admis soit comme fondateurs, soit comme souscripteurs.

ART. 11. — On ne peut être admis comme fondateur que par le Conseil du Comité et sur présentation de deux de ses membres.

ART. 12. — On peut être admis comme souscripteur sur simple demande adressée à M. le Président du Conseil.

ART. 13. — Les fondateurs versent une cotisation annuelle de vingt francs (minimum). Les souscripteurs versent une cotisation annuelle de six francs (minimum).

ART. 14. — Les dames peuvent faire partie du Comité d'Indre-et-Loire, soit comme membres fondateurs, soit comme membres souscripteurs.

ART. 15. — Un don de deux cent cinquante francs donne droit au titre de membre fondateur à vie; un don de cent francs donne droit au titre de membre souscripteur à vie.

ART. 16. — Les membres du Conseil sont choisis parmi les fondateurs et élus par l'Assemblée générale.

SOCIÉTÉ FRANÇAISE

De secours aux Blessés militaires des Armées de terre et de mer

DISCOURS

PRONONCÉ

AU SERVICE FUNÈBRE CÉLÉBRÉ POUR LES VICTIMES DE LA GUERRE

EN L'ÉGLISE MÉTROPOLITAINE DE TOURS

LE 30 JANVIER 1890

PAR

S. G. MONSEIGNEUR OURY

ÉVÊQUE DE FRÉJUS ET TOULON

TOURS

IMPRIMERIE ALFRED MAME ET FILS

—

1890

Pro legibus et patria mori parati.

Toujours prêts à mourir pour la justice
et la patrie.

(II Machab. viii, 21.)

NOS TRÈS CHERS FRÈRES,

De tous les avantages que la France revendique à tort ou à raison,
il en est qu'elle partage avec d'autres peuples, ou qu'elle possède
à un degré moins éminent, ou qui lui font absolument défaut.
Le Brésil a un soleil plus beau que le nôtre, l'Afrique une terre plus
fertile et une végétation plus luxuriante; l'Allemagne nous dispute
la suprématie des armes, l'Italie celle de la musique; la Chine et le
Japon cultivent les arts avec autant de succès que nous; le commerce
de l'Amérique bat le nôtre, et l'Angleterre voit son industrie réaliser
des progrès que la nôtre ne fait pas.

Par contre, il y a une supériorité que personne ne nous conteste,
parce qu'elle est évidente, et qu'aucun peuple n'espère nous ravir,
parce qu'elle tient au plus profond de notre caractère national, que
de tout temps nous l'avons exercée, et que nous l'exerçons encore
aujourd'hui d'une façon plus éclatante que jamais : c'est la *suprématie de la charité.*

Rien, en effet, ne peut se concevoir de plus beau. Partout où la
douleur étend la main pour frapper, la *charité française* étend la
sienne pour consoler et guérir. Aux orphelins elle donne des crèches,
aux abandonnés des asiles, aux tombés des refuges, aux malades
des hôpitaux, aux vieillards des maisons de retraite. Et, si les besoins deviennent plus nombreux; si quelques-unes de ces catas-

trophes que Dieu permet parfois pour l'épouvantement des mortels, multiplient la misère; comme ces diamants dont l'éclat augmente à mesure qu'on les taille, comme ces sources dont l'eau jaillit plus abondante à mesure qu'on les creuse, la *charité française*, habituée à ne compter les difficultés qu'après les avoir vaincues, crée de nouvelles ressources, et ne s'arrête qu'après avoir élevé son dévouement à la hauteur des souffrances qu'elle a devant elle. Voilà ce qu'on voit sur toute la surface de notre territoire.

Mais dans cette France il est un lieu béni, la Touraine, où la lumière est plus douce, les moissons plus abondantes et le climat plus envié; j'ajoute où les cœurs sont plus compatissants, les femmes chrétiennes plus charitables, et les œuvres plus nombreuses. Que votre modestie ne m'accuse pas de flatter, car je n'avance rien qui ne soit exact et dont mon expérience ne puisse témoigner. De fait, il y a quatre ans, j'avais la joie d'évangéliser ce qu'il y a de meilleur comme mères de famille dans cette ville de Tours. Un peu plus tard (il me semble que c'était hier, tant est vif le souvenir que j'ai gardé de leurs consolants exemples,) je prêchais les *Enfants de Marie* dans une chapelle encore tout embaumée de leurs vertus. Et voici qu'à cette heure vous m'avez appelé pour aider une autre œuvre, aussi belle que les précédentes, quoique d'un genre différent : *la Société de secours aux blessés de terre et de mer*.

Manifestement la terre qui produit tant de fruits est féconde, et si j'étais tenté de m'en étonner, ma surprise cesserait à la pensée du Pontife qui en est le gardien vigilant et le sage administrateur. Il lui appartenait donc, puisqu'il les connaît mieux, de jeter dans ces sillons la semence de sa parole aimée, et de laisser tomber dans ces cœurs qui le vénèrent les enseignements autorisés de son expérience et de sa vertu. Mais, si je n'ai pas cru devoir me dérober à l'appel de votre archevêque, je ne puis non plus m'empêcher de regretter qu'une autre voix que la sienne ait à parler, dans cette grande assemblée, de ces nobles choses qui s'appellent *l'armée*, le *sacrifice* et la *charité*.

I

Il y a deux hommes bien étonnants dans le monde, nos très chers frères, se ressemblant par beaucoup de points, différents en beaucoup d'autres, mais également grands par leur caractère et par leur mission. J'ai nommé le *prêtre* et le *soldat*. Par leurs points de contact et leurs antithèses, leurs similitudes et leurs dissemblances, pleine d'intérêt serait l'étude que fourniraient au philosophe assez pieux pour les comprendre ces deux hommes, dont la place est si considérable dans notre société contemporaine. Dans ce parallèle, pourtant, j'imagine que les similitudes et les rapprochements l'emporteraient. Tous les deux, en effet, ont le privilège que partagent seules avec eux les natures d'élite, d'inspirer des haines profondes et de nobles amours; et tous les deux aussi sont poussés par un ressort invisible, par cette force mystérieuse que les anciens appelaient le *fatum*, dès l'âge le plus tendre, vers le glorieux état qu'ils embrasseront un jour. Tous les deux ne vont pas là d'eux-mêmes, mais l'un et l'autre y sont conduits par le doigt de Dieu; car de même qu'il y a la *vocation ecclésiastique*, il y a, tout aussi évidente et impérieuse, la *vocation militaire*.

De grâce, ne me demandez pas de vous expliquer la nature de cette impulsion. Je vous répondrais qu'elle est au nombre de ces choses multiples, incontestables, et pourtant obscures, faciles à observer et malgré cela presque impossibles à définir. La vocation : qu'est-elle? quel est le commencement de son action? quel en est le terme? comment opère-t-elle, et dans quelles limites s'en exerce le pouvoir? Dieu seul le sait, parce que Dieu seul en est l'auteur. Mais ce que je sais bien c'est qu'elle existe, et si vous en doutiez, un seul regard autour de vous suffirait à vous la faire toucher du doigt.

Voyez ce petit enfant. Dès que se sont allumés les premiers feux de sa raison, son esprit s'oriente vers les choses de Dieu. Nul, au foyer domestique, ne prie mieux que lui, ni ne se tient mieux à l'église, ni n'éprouve plus de douceur à la vue de ses fêtes, ni ne se plaît davantage au chant de ses cantiques. Un peu plus tard, il aura dans sa chambre une petite chapelle dont il sera tout à la fois l'architecte et le pontife. Les jeux de ses camarades sont pour lui sans attraits, car cette jeune plante se tourne d'instinct vers le ciel. Ses parents l'entendent répéter qu'il sera prêtre, et quand arrive le moment, pour cet enfant devenu jeune homme, de penser à l'avenir, et de répondre catégoriquement à ceux qui ont le droit de l'interroger, il répond toujours que ses goûts ne se sont pas modifiés. En réalité, le sacerdoce lui ouvre ses rangs, et demain vous l'apercevrez montant les degrés de l'autel. C'est la *vocation ecclésiastique*, c'est le torrent que rien ne saurait arrêter.

Mais voyez à côté, dans le même village et peut-être sous le même toit, cet autre enfant né des mêmes parents et nourri du même lait. A peine il a huit ans, et déjà ses aptitudes et ses aspirations tranchent sur celles de son aîné; le bruit l'attire, le danger le fascine; au fond de tous ses rêves il y a de la gloire. Tout entre ses mains devient une arme; avant d'avoir lu le poète, il sait d'un simple bâton faire un cheval de bataille, *Equitare in arundine longa*; ses meilleures journées sont celles au cours desquelles il a livré quelque combat; et si parfois cette humeur tapageuse est l'occasion d'une remontrance, il lance à ses contradicteurs cette fière réponse : *Je serai soldat!*

Hélas! cette parole est trop souvent l'effroi des mères[1]. En vain la sienne le prie, pleure et gémit; en vain s'efforce-t-elle de diriger ses pensées vers d'autres horizons. Pour tout le reste il ne serait pas insensible à ses larmes; mais ici cette nature si faible encore est inébranlable, et l'enfant répète, avec un accent chaque année plus vibrant : *Je serai soldat!* C'est la *vocation militaire*. .

Il arrive à vingt ans, et ses vœux sont enfin réalisés. Il entre dans une grande famille, vieille comme le monde, où l'honneur et la bravoure sont héréditaires, où règnent des mœurs particulières, un langage spécial et des traditions qu'on ne rencontre nulle part ailleurs. Regardez-le maintenant, vous, ses parents, vous, ses amis d'hier : il n'est plus le même homme, et vous aurez de la peine à le reconnaitre, moins en raison de son nouveau costume que du changement survenu dans le plus profond de son être. Ses dispositions d'autrefois ont subi de singulières modifications; aux anciennes ont succédé des habitudes et des préoccupations nouvelles. Il semble que son tempérament physique et moral se soit renouvelé: tout est changé, l'esprit et le cœur.

Non, vraiment, il n'est plus le même homme.

J'ajoute qu'il ne ressemble plus aux autres hommes. Et de fait, quoique cette cité soit le centre d'un grand commandement de corps d'armée et que, par suite, vous viviez dans une atmosphère essentiellement militaire, je ne crois pas superflu de vous demander si vous avez jamais réfléchi à ce je ne sais quoi d'insolite, à ce mélange d'inconnu, de mystérieux et de sacré qui fait le soldat?

Est-ce son costume? Non, car on en peut imaginer de plus riche ou de plus tranchant, et d'ailleurs c'est une vérité banale que l'habit ne donne à l'homme ni le relief qui le distingue de ses contemporains, ni les qualités de sa profession.

---

[1] *Bellaque matribus detestata*. (HORACE, Ode 1re à Mécène.

Est-ce le droit de porter des armes et la science de s'en servir? Nullement; d'autres que lui ont ce privilège et ce talent qui n'ont cependant rien de sa nature, et que nous ne confondrons jamais avec le soldat.

Ah! je vois bien, en nous élevant plus haut, que le soldat est l'homme de la *pauvreté*, et que, si dans d'autres carrières le but suprême est de gagner de l'argent, lui, sans souci du lendemain, reçoit à peine ce dont il a besoin pour vivre et fait preuve d'un désintéressement rare. Amour du lucre et métier des armes sont des termes qui s'excluent. L'armée ne pense pas à l'argent, ne s'occupe pas de questions d'argent et n'amasse pas d'argent. Elle le dédaigne, et toujours la pauvreté, qui la mit à l'abri du soupçon, fut la meilleure garantie de son honneur.

C'est ce que faisait ressortir, dans ce langage dont il a le secret, le très illustre cardinal d'Alger lorsque, répandant naguère ses prières et ses larmes sur le cercueil du commandant de la marine, il félicitait le noble amiral de Saint-Hilaire d'être mort dans un état voisin du dénuement. Cependant il est juste de le reconnaître, beaucoup d'autres que le soldat naissent, vivent et meurent dans la pauvreté. Là n'est donc pas la note caractéristique de sa grandeur.

Montons plus haut, si vous le voulez, car j'aperçois sur le front du soldat un diamant plus brillant encore que celui de la pauvreté. De l'armée française on a dit qu'elle est la *grande pauvre;* et c'est un bel éloge. Mais il en est un plus éloquent encore.

Un de ses chefs les plus éminents a lancé, au cours de la précédente législature, une parole dont les murs du Palais-Bourbon garderont éternellement l'écho : *L'armée travaille et ne parle pas.* En vérité, je ne connais pas de plus bel hommage, et volontiers je salue cette *grande muette* de mon respect et de mon admiration. Tandis, en effet, que dans notre société personne ne veut plus obéir, l'armée, au contraire, ne discute ni ne raisonne. Elle va là où l'autorité la pousse, que ce soit au Calvaire ou au Thabor. L'armée ne juge pas, l'armée n'apprécie pas ; elle marche, et fait de l'obéissance passive, prompte et parfaite, son point d'honneur et sa gloire. C'est là précisément ce qui la fait apparaître à nos yeux comme l'arche sainte, au sein de laquelle résident nos suprêmes espoirs.

Mais pourtant, il faut bien le reconnaître, cette obéissance se trouve ailleurs qu'au régiment; elle existe dans le prêtre au même degré, dans les couvents avec une perfection plus grande encore, et si de l'auréole militaire elle est un des plus éclatants rayons, elle n'est pas encore le trait distinctif qui différencie de toutes les autres la figure du soldat.

Direz-vous que ce trait lui est fourni par la *science*? Ah! c'est un grand mot exprimant une grande chose. De nos jours elle marche à pas de géants; elle lit dans les cieux et dans les entrailles du globe avec une égale assurance; elle suit le cours des astres, et prédit les marées avec une précision qui ne laisse rien à désirer; elle supprime les distances et la douleur, et en présence de ces merveilleux résultats nous nous inclinons profondément devant ceux que la science a touchés de son doigt. Mais est-ce bien à elle que le soldat doit son prestige? Je ne le crois pas. Le plus souvent, en effet, il ne se distingue que par ses connaissances professionnelles et techniques; et, s'il en est quelques-uns qui, consacrant leurs loisirs à l'étude, obtiennent un rang distingué dans le monde des sciences, des lettres et des arts, on peut dire qu'il s'en rencontre peu dans les académies et dans les instituts.

Et cependant, chose singulière, tous rendent hommage au soldat, même ceux qui le détestent, car la haine de certaines gens est souvent une recommandation pleine d'honneur. L'enfant le regarde comme un dieu, et lui fait escorte quand il entre dans nos villes et nos hameaux. Le jeune homme ne le rencontre pas sans émotion; ceux qui sont dans la maturité de l'âge se découvrent sur son passage, et les vieillards, qui pourtant devraient être blasés sur les grandeurs de ce monde, ne s'en approchent pas sans que leur cœur batte et plus vite et plus fort. Et tel est le prestige de l'armée qu'aucune faute individuelle ne saurait l'entamer, et quand un de ses membres tombe dans la boue, les autres restent sur les hauteurs; l'armée n'en reçoit aucune tache, pas plus que le soleil ne souffre de l'éclipse impuissante à lui ravir son éclat.

Encore une fois, d'où vient cela? Et puisque la grandeur du soldat ne réside ni dans son uniforme, ni dans ses armes, ni dans sa pauvreté, ni dans son obéissance, ni dans sa science, où donc en trouverons-nous la cause? Dans son but, dans sa fonction même et dans ce qui constitue sa raison d'être. Voici comment je l'entends.

II

Avez-vous remarqué jamais, nos très chers frères, l'influence secrète et mystérieuse que le prêtre, même le plus humble, porte partout avec lui? Devant lui les hommes ne parlent et n'agissent pas comme devant les autres hommes. Qu'il entre dans une demeure où les conversations sont animées, et soudain le bruit s'apaise. Le respect dont on l'entoure revêt un caractère particulier, et mille signes indiquent qu'il en impose aux individus les plus sceptiques et les plus légers, comme s'il était enveloppé d'un je ne sais quoi de mystérieux et de divin. Sans doute ses occupations ordinaires prêtent à cet effet : il monte chaque jour au saint autel; il partage son temps entre la prière, l'étude et la contemplation des vérités éternelles, et ceux qui le voient marcher péniblement sous sa couronne de cheveux blancs, savent que sa tête porte, dans les douloureux secrets dont il est le confident, un poids plus lourd que celui des ans.

Toutefois ce n'est pas là, dans le prêtre, ce qui nous impressionne et nous émeut. Le prêtre est quelque chose de plus. Il est l'*homme de la mort*. Voilà le secret de sa puissance et de son charme. Il visite les malades, il absout les moribonds; à ceux qui n'ont plus d'espérance il offre des consolations, aux mourants il montre le ciel, aux morts il octroie les honneurs d'une sépulture chrétienne, il bénit leur demeure dernière, et depuis longtemps leurs proches ne pensent plus à eux qu'il vient encore prier sur leurs tombeaux. C'est l'homme de la mort; il ne s'occupe guère que de ses victimes, il entretient avec elles un commerce intime, et tandis que le monde craint d'en prononcer le nom, lui pense à elle, s'occupe d'elle, vit avec elle, et remet entre ses bras ceux de ses enfants qu'elle a vaincus. Étonnez-vous, après cela, qu'il ait part à sa majesté !

Telle est aussi la cause de la grandeur qui s'attache au soldat. Le piédestal sur lequel il est placé n'est si haut que parce qu'il est élevé par les mains de la mort, et le prisme qui lui donne cet éclat inexpliqué est le prisme de la mort. Comme le prêtre il est investi d'un sacerdoce ; il a, comme lui, une mission qu'il ne partage avec personne autre. Il donne la mort; il reçoit la mort : c'est l'*homme de la mort*.

Il la donne : grands dieux ! Est-ce possible ! Cet enfant, ô mères, que vous avez élevé si tendrement, et dans le tempérament duquel vous avez infusé toute la bonté du vôtre; ce jeune homme, ô Messieurs, qui est votre fils, d'un caractère si doux et de mœurs si conciliantes; cet homme que vous, ses concitoyens, avez connu si calme, si débonnaire et si compatissant, comment donc, lui, lui tuera ! Encore une fois est-ce possible ? Oui, car cela est. Vienne la guerre, et sous la peau de l'agneau se révélera le tigre. Il tuera, et il tuera le plus qu'il pourra. C'est étrange, je l'admets, mais je le répète, cela est. Il est soldat pour cela ; sa mission est de tuer, et, le moment venu, Celui qui la lui a donnée lui mettra au cœur la force de la remplir. C'est pourquoi cet homme, à l'instar des êtres fantastiques dont les hauts faits ont bercé notre enfance, domine les proportions ordinaires et frappe nos imaginations. Nous ne le concevons pas sans quelque chose de redoutable et de providentiel, et nous avons raison, car il est, en vérité, *le justicier de Dieu*.

Mais voici qui achève de le faire connaître et de fixer sa couronne, en y ajoutant son plus précieux fleuron. Celui qui sait tuer ne sait pas moins mourir, réunissant ainsi dans ses mains les palmes de la victoire et celles du martyre, tout à la fois héros et victime dans les sanglants combats.

O mystère ! la guerre que tout le monde redoute, il ne la craint pas, lui. Plus que tout autre, il a des chances d'y rencontrer le trépas. Qu'importe ! il la désire, poussé encore ici par une force intérieure et secrète, supérieure à tous les raisonnements et à tous les calculs. Et le jour où retentiront les premières notes du clairon, plein d'ardeur, aussi joyeux que s'il se rendait à une réunion de plaisir, il courra sur le champ de bataille qu'il doit arroser de son sang. Dites que cela est incompréhensible, mais convenez que cela est. Le soldat meurt par vocation pour son pays, comme le missionnaire pour son Dieu et avec la même vaillance, dès que l'honneur ou le territoire de la patrie sont en jeu : *Pro legibus et patria mori parati.* Toujours prêts à mourir pour la justice et la patrie.

Et nous, témoins de leurs exploits, nous leur offrons nos prières et nos larmes. Vous avez fait plus, Messieurs, et vous avez voulu qu'autour de ce monument funèbre de nobles représentants de l'armée, du clergé, de toutes les classes de la société tourangelle, vinssent apporter le tribut de leurs regrets et de leurs suffrages à nos glorieux défunts. Au nom de l'Église, je vous en remercie, comme au nom de ceux que nous pleurons. Mais je me reprocherais de vous en féliciter, car tous ici nous ne faisons que payer une juste dette. Le poète l'a dit en termes excellents :

> Ceux qui pieusement sont morts pour la patrie,
> Ont droit qu'à leur cercueil la foule vienne et prie ;
> Entre les plus beaux noms leur nom est le plus beau.
> Toute gloire, près d'eux, passe et tombe éphémère,
> Et, comme ferait une mère,
> La voix d'un peuple entier les berce en leur tombeau.

Cette mission providentielle n'est pas moins sensible ni moins

extraordinaire dans le marin que dans le soldat ; peut-être même pré-
sente-t-elle dans le marin un caractère plus frappant encore ; et, si je
ne résiste pas au désir de le signaler en passant, vous aurez assez
d'indulgence pour pardonner à mon cœur une faiblesse que le vôtre
comprendra.

Autant, nos très chers Frères, le métier des gens de mer est glorieux, autant il est redoutable, et les difficultés dont il est hérissé sont
telles que tout, absolument tout, devrait nous en éloigner et nous
retenir au rivage. Nos marins, en effet, par rapport à leurs frères de
l'armée, ont ce désavantage ou cette supériorité, comme vous vou-
drez l'entendre, d'être toujours en campagne, car la lutte est leur état
normal. Lutte contre leur propre cœur : hélas ! dans ce berceau
souffre un pauvre petit, et force est de prendre le large avant de
l'avoir vu revenir à la santé. Ce vieux père s'achemine vers la tombe,
et qui sait si l'on aura la joie de le retrouver au retour. Qu'importe !
il faut partir. Lutte contre les éléments, car la mer est changeante,
et ses plus beaux sourires sont souvent suivis d'effroyables tempêtes.
Lutte contre les intempéries des saisons, lutte contre l'insalubrité
des pays lointains et des climats meurtriers. En un mot, lutte partout et pour tout. N'est-ce pas plus qu'il n'en faut pour donner raison
aux mères, et fixer leurs enfants sur la terre ferme ? Eh ! bien, non.
Il y a des hommes, et je les comprends, et je regrette de ne plus être
avec eux, qui aiment la mer, qui l'aiment passionnément, et qui ne
s'endorment contents que bercés entre ses bras.

Et cependant, ô mon Dieu ! que de désastres, dont le simple récit
glace d'épouvante les cœurs les plus aguerris ! Que de temps affreux !
que de naufrages ! que de pauvres têtes roulent au fond des mers,
d'un rocher à l'autre. Et que de vaillants matelots dorment, enve-
loppés dans les sables de l'Océan, comme le soldat sur le champ de
bataille, dans les plis du drapeau ! Tristes pensées que le même poète
rendait plus poignantes encore, lorsque leur imprimant la marque
de son génie, il lançait à l'Océan cette déchirante apostrophe :

Où sont-ils, les marins tombés dans les nuits noires ?
O flots ! que vous savez de lugubres histoires !
Flots profonds, redoutés des mères à genoux.
Vous vous les racontez en montant les marées,
Et c'est ce qui vous fait ces voix désespérées
Que vous avez, le soir, quand vous venez vers nous.

III

Mais, hélas! nos très chers Frères, il est des victimes de la mer et des batailles qui ne meurent pas, et que Dieu réserve à de plus longues douleurs et à de plus méritoires expiations. Certes, mourir au milieu de la tempête ou sous le feu de l'ennemi est une destinée digne d'envie, et, dans cette chrétienne assemblée, il n'est personne qui ne répète volontiers :

> Mourir pour son pays, n'est pas un triste sort ;
> C'est s'immortaliser par une belle mort.

J'imagine, en effet, que l'âme monte au ciel recevoir la palme des martyrs, tandis que les hommes gardent précieusement le souvenir de ceux qui ont payé de leur vie la défense du drapeau !

Cependant, au-dessus de ces victimes, il y a quelque chose de plus beau, de plus digne du regard de Dieu et de la reconnaissance de l'humanité, c'est *le blessé*. C'est le blessé qui, dans d'affreuses angoisses, attend qu'on le relève pour le porter à l'ambulance, ou sur la table des douloureuses amputations. C'est le blessé que dévore, dans les longues et tristes salles d'hôpital, la fièvre avec sa ténacité désespérante. C'est le blessé que consumeront lentement la faiblesse et le chagrin. C'est le blessé qui souffre seul, loin du village, sans les caresses de sa mère et les baisers de ceux qui l'ont aimé !

Voilà mes clients, Messieurs, voilà mes pauvres, et vous avouerez qu'ils sont bien dignes de la sympathie de tous, et de la charité de ceux qui peuvent donner. Aussi, il y a quelque vingt-cinq ans, des cœurs généreux fondèrent la *Société de secours aux blessés des armées de terre et de mer*. Ils la placèrent sous la protection de la croix, de la croix teinte du sang de leurs pupilles, et cette société éminemment chrétienne et patriotique, le gouvernement la mit sous la haute direction du ministre de la guerre et la reconnut d'utilité publique par un décret du 23 juin 1866.

Vous en connaissez le but. D'une main elle vient en aide à ceux qui pleurent leurs maris et leurs pères, en allouant des subsides aux veuves et aux orphelins; de l'autre elle assure, dans une mesure aussi large que possible, le soulagement spirituel et corporel de nos pauvres blessés. A leurs âmes elle offre les secours religieux au moyen d'aumôniers volontaires, aux besoins desquels elle pourvoit ; à leurs corps elle prodigue, avec une maternelle sollicitude, tous les soins et tous les adoucissements que peut imaginer le dévouement le plus pur. Elle leur procure ces douceurs dont seuls les pauvres malades apprécient la valeur, douceurs que je puis bien nommer dans cette chaire, car la charité, comme le feu, purifie tout : vins, cordiaux, chocolat, confitures et biscuits, quinquina, bouillons concentrés, tabac, eaux minérales, linge, et tant d'autres choses que l'État, qui va au plus pressé, ne peut fournir, faute de ressources et faute de temps. Telle est l'œuvre.

Ses ressources ne sont autres que vous, Mesdames, vous et vos aumônes. Et c'est pourquoi je vous demande d'y apporter vos personnes et votre argent.

Vos personnes d'abord : elles sont de première nécessité. Si les provisions en effet dont nous parlions tout à l'heure sont présentement expédiées à Madagascar, en Cochinchine ou au Tonkin, il peut arriver que demain ce soit en France qu'il les faille distribuer, en France, par conséquent, que nos blessés réclament votre concours. Organisez-vous donc dès à présent pour être en mesure de le leur prêter, et si déjà vous ne faites partie de cette société, hâtez-vous de lui donner vos noms sans plus de retard.

Et ne dites pas, de grâce, que le temps vous manque pour vous occuper de cette œuvre française par excellence ; car je vous répondrais que plus on a de travail et plus on en fait, que personne n'est plus occupé que ceux qui n'ont rien à faire, que ceux-là se plaignent le plus de manquer de temps qui en perdent davantage, et j'ajouterais : Mesdames, supprimez les paroles et les visites inutiles, les lectures frivoles, en un mot, organisez mieux votre vie, et vous trouverez le temps de vous occuper de nos blessés.

Ne dites pas, non plus, que vous êtes ignorantes dans l'art de soigner les malades et de panser les plaies ; car je vous répondrais que cette science-là s'acquiert moins par l'étude que par le cœur. Soyez-en sûres, d'ailleurs, vous la connaissez d'instinct. Est-ce qu'en effet vous êtes embarrassées pour soigner vos enfants, pour bander les blessures d'un époux ou d'un frère, pour consoler par une parole d'encouragement une personne souffrante que vous aimez? Eh bien, nos soldats blessés ou fiévreux seront vos enfants, et vous remplacerez leurs mères. Et vous ferez tout cela très bien, car la Providence vous a départi une main aussi délicate pour guérir que votre cœur est puissant pour consoler. Aussi, quand vous prétextez votre inhabileté, Mesdames, en vérité vous vous calomniez.

Ne dites pas, enfin, que vous ne pouvez donner à cette société l'offrande annuelle qu'elle attend de votre charité; car je vous répondrais que si cette offrande constitue pour vous un sacrifice, il faut le faire volontiers, à la pensée que ceux qui doivent en bénéficier ont fait à la France le sacrifice, autrement précieux, de leur sang. D'ailleurs, est-il donc vrai qu'il n'y ait plus rien à retrancher aux dépenses superflues de vos toilettes et de vos tables? Je ne le crois pas. Plus j'y songe, au contraire, et plus je demeure convaincu que tout en donnant, et en donnant beaucoup à nos blessés, vous trouverez encore le moyen d'équilibrer votre budget. Donnez donc largement : je vous le demande, Mesdames, au nom de la France à laquelle vous n'avez rien à refuser; au nom de l'armée, qui a droit à tous nos dévouements; au nom de ceux dont le sang coulera sur les champs de bataille de l'avenir, et ils seront nombreux, car il n'est pas possible d'envisager les guerres futures sans être épouvanté du nombre effroyable de malheureux qu'elles coucheront sur le terrain. Je vous le demande surtout au nom de vos propres enfants, si vous tenez à ce que Dieu vous les conserve; car qui sait, oui, Mesdames, qui sait s'ils ne vous seraient pas enlevés un jour, faute de ces secours que vous-mêmes refuseriez d'accorder en ce moment à ceux que nous recommandons à votre générosité? Certes, Dieu m'est témoin que je le prie de vous épargner un pareil malheur, mais il est sage de le prévoir, car l'histoire nous dit qu'il y a dans la vie de ces justes retours.

Quand le matelot voit au-dessus de sa tête un ciel pur, il a le droit de dormir en paix, heureux du présent et confiant dans le lendemain. Mais si la mer est grosse, et qu'au ciel sombre apparaissent quelques-uns de ces points noirs, signes précurseurs de l'orage, oh! alors, le calme est remplacé par de sinistres pressentiments, et il prend les précautions que commande l'approche de la tempête.

Qui dira que nous ne sommes pas à l'un de ces solennels moments? A coup sûr, j'estime que la guerre est un fléau. J'en ai vu de trop près les sublimes horreurs, et j'ai dû, dans ma vie, essuyer trop des larmes qu'elle fait couler, pour en désirer le retour. Mais, à l'heure présente, quel est l'homme assez confiant dans l'avenir pour assurer que nous sommes destinés à une longue ère de paix, et que bientôt la France ne sera pas obligée de tirer l'épée et de s'en servir dans une de ces guerres qui font époque dans le monde et causent dans le corps d'un peuple de terribles ravages?

Nul ne le sait. Mais ce que tout le monde s'accorde à reconnaître, c'est que la France aspire à reprendre le rang qui lui appartient, je veux dire le premier; c'est que le ciel est noir et l'horizon chargé; c'est que la foudre gronde autour de nous, et que, si elle éclate, la France en sera ébranlée jusque dans ses fondements.

Il est donc possible qu'un jour ou l'autre, vous, Messieurs, vos enfants, Mesdames, et tous ceux qui vous sont chers, soient appelés à soutenir sur l'Océan l'honneur du pavillon national, ou à défendre le sol sacré de la patrie; et, à cause de cela, je vous supplie de vous préparer à l'œuvre de charité qui s'imposera, de donner à la *Société de secours pour les blessés de terre et de mer* vos personnes d'abord, votre aumône ensuite, afin que, l'heure venue, nous soyons à la hauteur de nos obligations et des besoins de notre armée.

C'est votre devoir à vous tout particulièrement, femmes chrétiennes, parce que c'est votre manière de payer votre dette à la France et de travailler à la victoire. Car, soyez-en sûres, Dieu n'accorde le triomphe qu'à ceux qui savent le mériter; et si nos soldats, vos enfants, Mesdames, comptent sur son aide, ils marcheront à l'ennemi avec plus d'ardeur encore, s'ils savent que vous êtes derrière eux, prêtes à soigner leurs blessures, prêtes à recevoir leur dernier soupir s'ils devaient tomber au champ d'honneur, prêtes par-dessus tout à prier pour eux, à les consoler et à les bénir.

20716 — Tours, impr. Mame.

COMITÉ DES DAMES DE TOURS

Présidentes d'honneur :	Mᵐᵉˢ la générale VILLAIN.
	la générale CARREY DE BELLEMARE.
Membres d'honneur :	la comtesse de FLAVIGNY.
	la générale FOY.
Présidente :	la comtesse A. DE BEAUMONT.
Vice-Présidentes :	la comtesse LEDOCHOWSKA.
	A. VIOT.
Secrétaire :	Mˡˡᵉ J. BRENIER.
Trésorière :	Mᵐᵉ DE CHATILLON.

COMMISSION DE L'OUVROIR

Mᵐᵉˢ la comtesse LEDOCHOWSKA.
A. VIOT.
DE LÉPINAISE.
DE CHATILLON.

COMITÉ DES DAMES DE LOCHES

Présidente :	Comtesse DE MARSAY.

COMITÉ DES DAMES DE CHINON

Présidente :	Comtesse DE MARCÉ.
Vice-Présidentes :	Mᵐᵉ BODIN.
	Vicomtesse DU PETIT-THOUARS.
Trésorière :	Mᵐᵉ DE MONCHY.
Secrétaire :	Mᵐᵉ GUERTIN.

COMITÉ DES DAMES D'AMBOISE

Présidente :	Comtesse SAINT-BRIS.
Vice-Présidente :	Mᵐᵉ Henri DIARD.
Trésorière :	Mᵐᵉ Raymond MOREAU.
Secrétaire :	Mᵐᵉ Henri VIOT.

Pour devenir membre de la Société, il suffit d'adresser son adhésion à Mᵐᵉ la Présidente, au Président ou à l'un des membres du bureau des Comités.

Membres souscripteurs.	. . . .	**6 fr.**
Membres fondateurs.	. . . .	**20 fr.**